# So spielst du mit mini LÜK:

Das Beispiel auf dieser Seite zeigt, wie es geht. Öffne das mini LÜK®-Kontrollgerät und lege den durchsichtigen Boden des Kontrollgerätes auf die untere Übungsseite deines mini LÜK-Heftes!

Nimm Plättchen 1 und sieh dir das Beispiel 1 an!
Dort siehst du einen Teddy, den du auf der unteren Seite in Feld 7 wiederfindest.

Lege Plättchen 1 auf den Teddy auf Feld 7!

So spielst du weiter, bis alle 12 Plättchen auf dem durchsichtigen Teil des Kontrollgerätes liegen und keine Bilder mehr zu sehen sind.

Dann schließt du das Kontrollgerät und drehst es um. Wenn du das bei der Übung abgebildete Muster siehst, hast du alles richtig gemacht.

Passen aber einige Plättchen nicht in das Muster, löst du diese Übung noch einmal.
Stimmt es jetzt?

**Und nun viel Spaß!**

W0272719

Dieses Papier wurde aus chlorfrei gebleichtem Zellstoff hergestellt

## Suche das gleiche Wort!



| | | | |
|---|---|---|---|
| 1 Kaktus | 2 Kerze | 3 Kamm | 4 Kirche |
| 5 Kuh | 6 Kran | 7 Kuchen | 8 Käse |
| 9 Kamel | 10 Käfig | 11 Kreuz | 12 Kleid |

Kaktus

Kaktus

| | | | | | |
|---|---|---|---|---|---|
| 1  Kleid | 2  Käse | 3  Kirche | 4  Kaktus | 5  Kuh | 6  Kreuz |
| 7  Kran | 8  Kerze | 9  Kuchen | 10 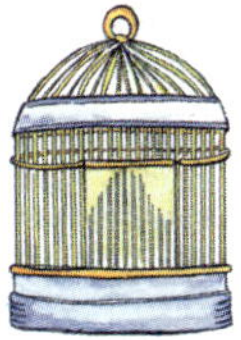 Käfig | 11 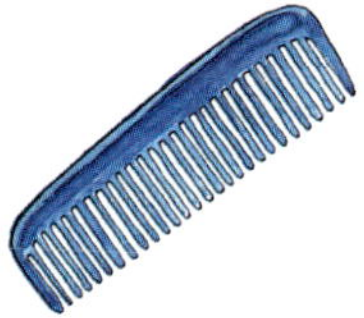 Kamm | 12  Kamel |

## Klingt in dem Wort ein „o“, ja 🙂 oder nein 🙁 ?

| | | | |
|---|---|---|---|
| 1  D_se | 2  B_ll | 3  H_se | 4  N_te |
| 5  P_lz | 6  M_nd | 7 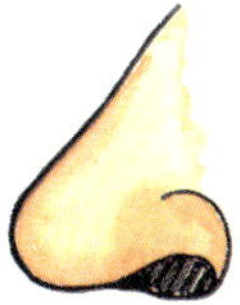 N_se | 8 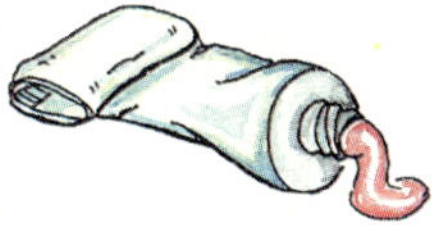 T_be |
| 9  S_fa | 10  R_ng | 11  Br_t | 12  V_se |

 D_se

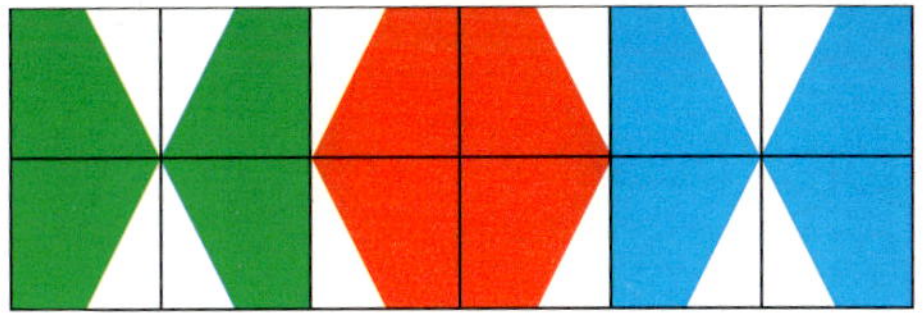

1
2
3
4
5
6
7
8
9
10
11
12

# Mit welchem Laut beginnt das Wort?



1  B F G H

2  B F G H

3  B F G H

4  B F G H

5  B F G H

6 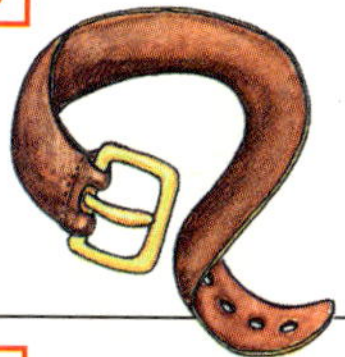 B F G H

7 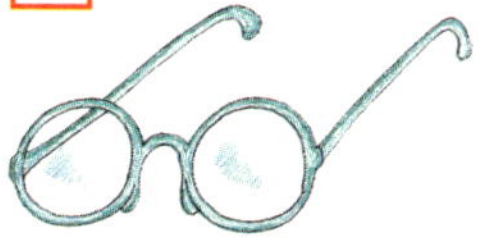 B F G H

8 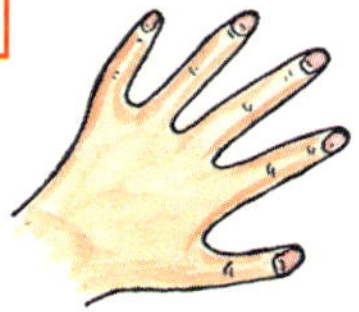 B F G H

9  B F G H

10  B F G H

11  B F G H

12  B F G H

 B F G H

G

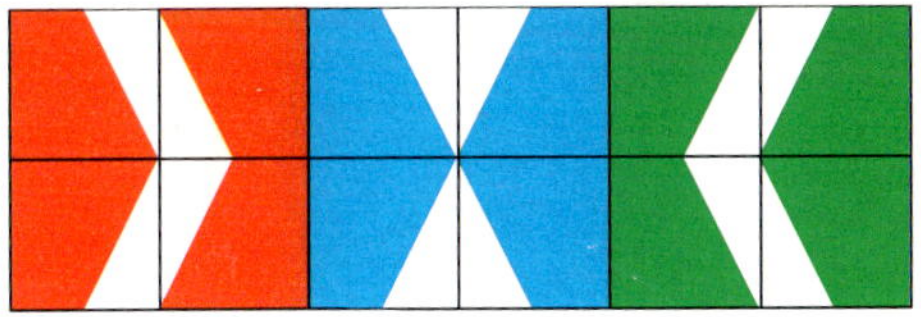

1 F
2 G
3 G
4 B
5 B
6 G
7 F
8 H
9 F
10 H
11 H
12 B

# Welches Bild gehört zum Anfangslaut?

| | | | |
|---|---|---|---|
| 1 E | 2 T | 3 M | 4 S |
| 5 P | 6 I | 7 Z | 8 H |
| 9 N | 10 L | 11 R | 12 W |

E 

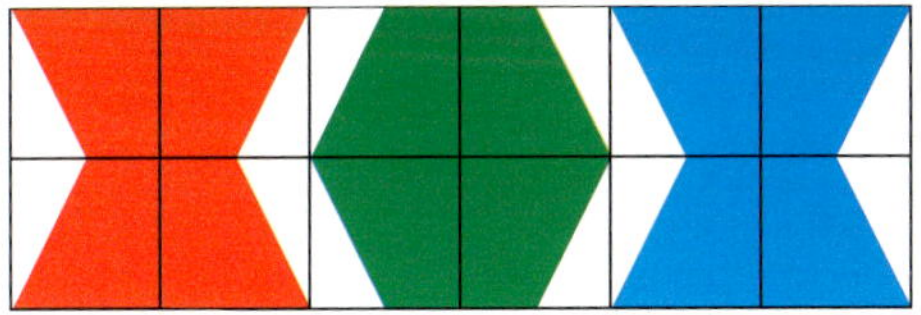

| | | | | | |
|---|---|---|---|---|---|
| 1  | 2  | 3  | 4  | 5  | 6  |
| 7 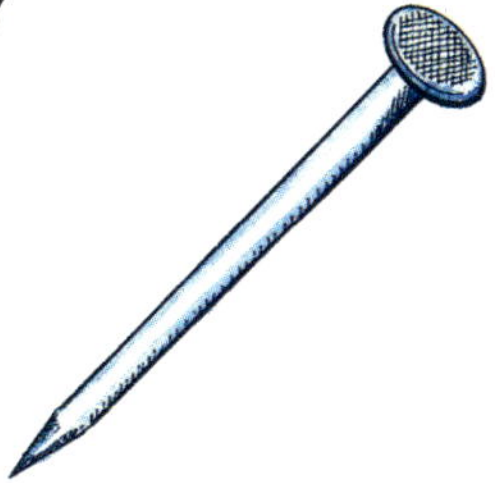 | 8  | 9  | 10  | 11  | 12  |

# Wie fängt das Wort an?



1  He | Ha

2  Da | Do

3  Be | Bu

4  Ve | Va

5  Ta | To

6 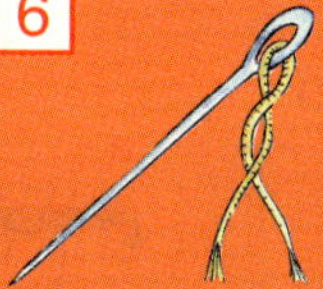 No | Na

7  Pa | Po

8  Ka | Ku

9  Ga | Ge

10  Za | Ze

11  Ho | Hu

12  Ne | No

 He | Ha

Ha

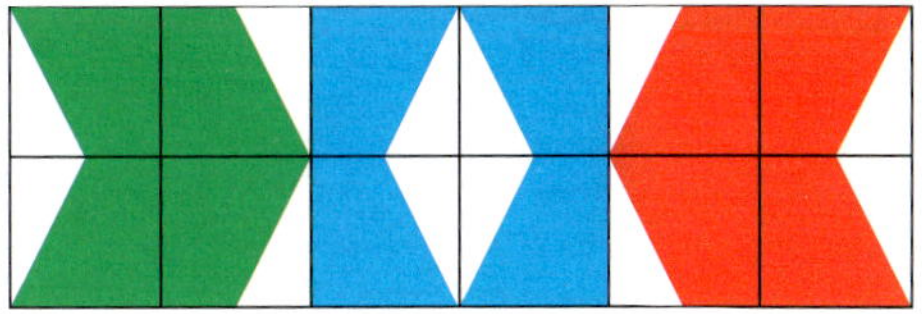

| | | | | | |
|---|---|---|---|---|---|
| 1 Ze | 2 Va | 3 No | 4 Ka | 5 Ga | 6 Ta |
| 7 Ha | 8 Pa | 9 Na | 10 Do | 11 Ho | 12 Be |

# Welches Wort ist anders?



1

| | |
|---|---|
| Esel | Esel |
| Esel | Ente |

2

| | |
|---|---|
| Auge | Auto |
| Auto | Auto |

3

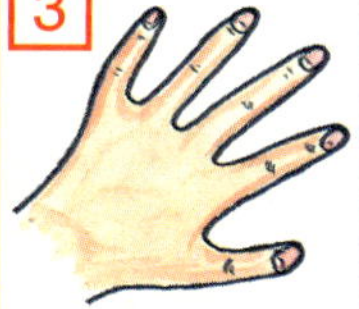

| | |
|---|---|
| Hand | Hemd |
| Hand | Hand |

4

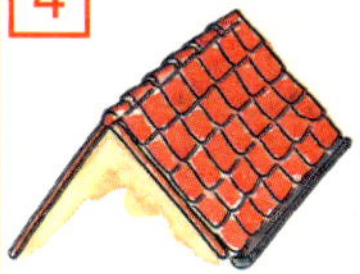

| | |
|---|---|
| Dach | Dach |
| Dorn | Dach |

5

| | |
|---|---|
| Buch | Bank |
| Bank | Bank |

6

| | |
|---|---|
| Dorn | Dorn |
| Dorn | Dach |

7

| | |
|---|---|
| Korb | Kind |
| Korb | Korb |

8

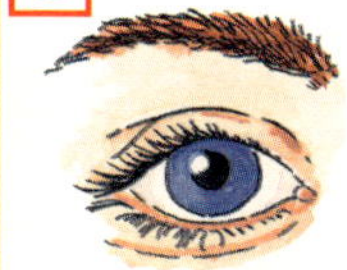

| | |
|---|---|
| Auge | Auge |
| Auto | Auge |

9

| | |
|---|---|
| Hemd | Hemd |
| Hemd | Hand |

10

| | |
|---|---|
| Korb | Kind |
| Kind | Kind |

11

| | |
|---|---|
| Ente | Ente |
| Esel | Ente |

12

| | |
|---|---|
| Buch | Buch |
| Buch | Bank |

| | |
|---|---|
| Esel | Esel |
| Esel | Ente |

Ente

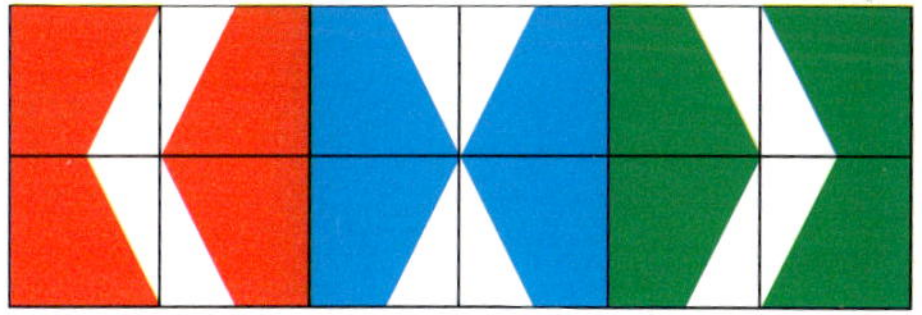

| | | | | | |
|---|---|---|---|---|---|
| 1 Buch | 2 Hand | 3 Dach | 4 Auge | 5 Dorn | 6 Korb |
| 7 Hemd | 8 Esel | 9 Bank | 10 Auto | 11 Kind | 12 Ente |

# Finde die richtige Zuordnung!



| | | | |
|---|---|---|---|
| 1 blau | 2 gelb | 3 rot | 4 grün |
| 5 rot | 6 grün | 7 blau | 8 gelb |
| 9 grün | 10 rot | 11 gelb | 12 blau |

blau

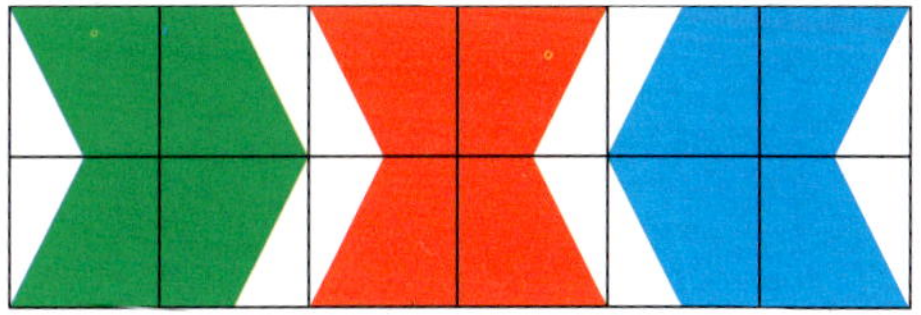

1
2
3
4
5
6
7
8
9
10
11
12

# Ist das ein Mädchen oder ein Junge ?

| | | | |
|---|---|---|---|
| 1 Uwe | 2 Eva | 3 Uta | 4 Tim |
| 5 Pia | 6 Kai | 7 Ali | 8 Ina |
| 9 Ute | 10 Udo | 11 Ida | 12 Tom |

Uwe

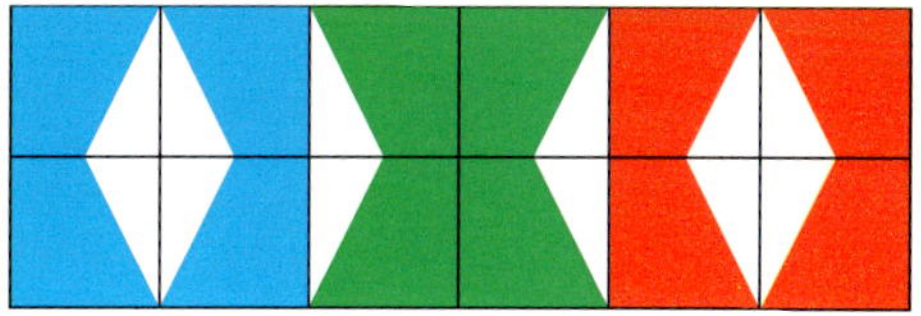

1

2

3

4

5

6

7

8

9

10

11

12

## Suche die passende Abbildung!

| | | | |
|---|---|---|---|
| 1  drei | 2  fünf | 3  zwei | 4  vier |
| 5  sechs | 6  drei | 7  fünf | 8  sieben |
| 9  zwei | 10  sieben | 11  vier | 12  sechs |

 drei

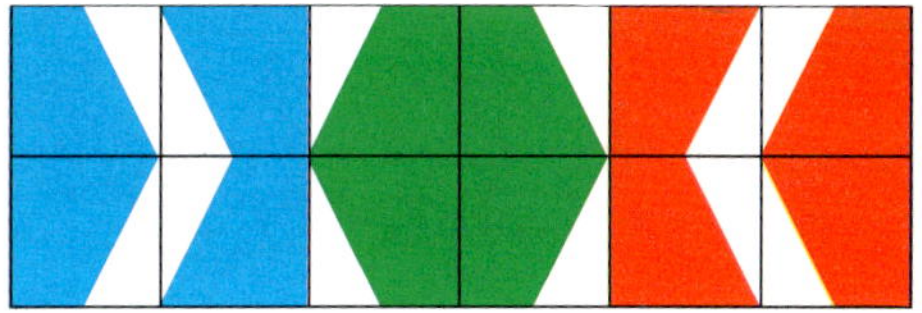

1
2
3
4
5
6
7
8
9
10
11
12

**Passen Wort und Bild zusammen, ja oder nein ?**



| | | | |
|---|---|---|---|
| 1 Birne | 2 Rampe | 3 Harke | 4 Bluse |
| 5 Tulpe | 6 Palme | 7 Wiese | 8 Raupe |
| 9 Blume | 10 Wiege | 11 Torte | 12 Kante |

Birne

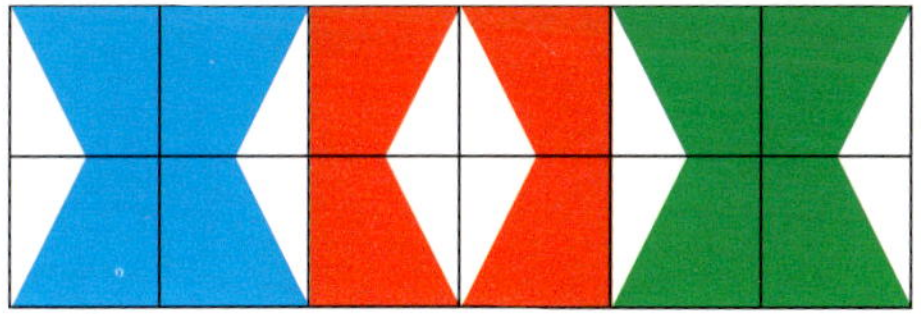

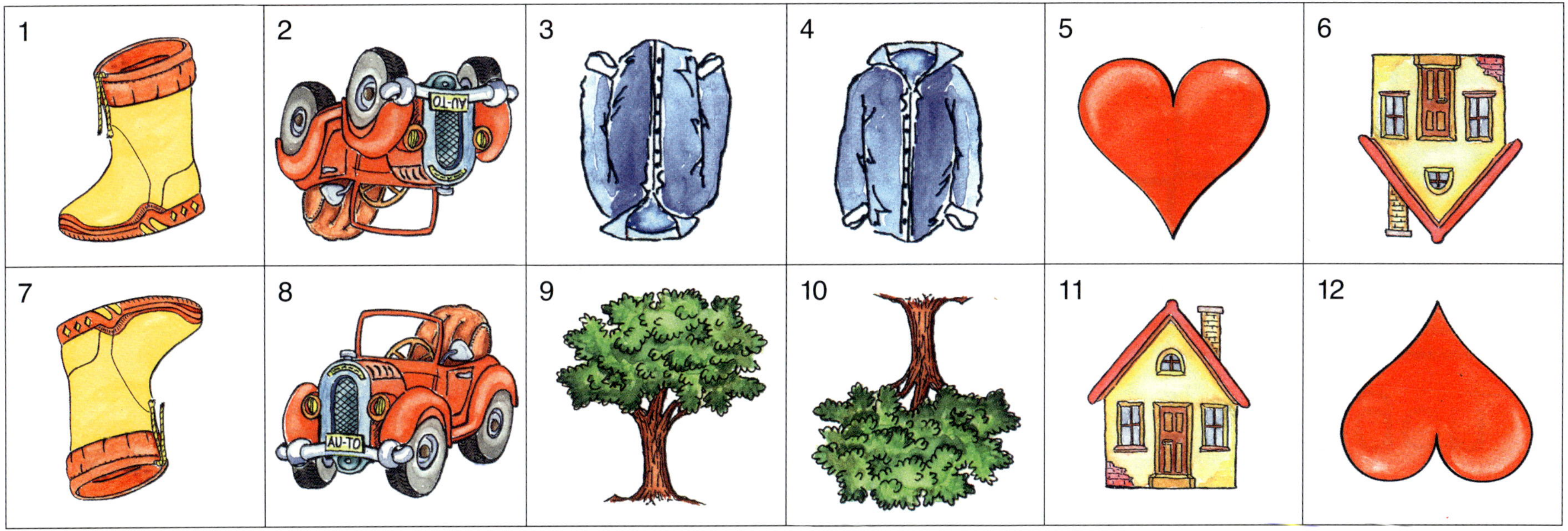
1
2
AU-TO
3
4
5
6
7
8
AU-TO
9
10
11
12

**Finde das Bild zum Wort!**



| | | | |
|---|---|---|---|
| 1 Maske | 2 Krone | 3 Ofen | 4 Regen |
| 5 Igel | 6 Sonne | 7 Hupe | 8 Tiger |
| 9 Wagen | 10 Pudel | 11 Ampel | 12 Lampe |

Maske

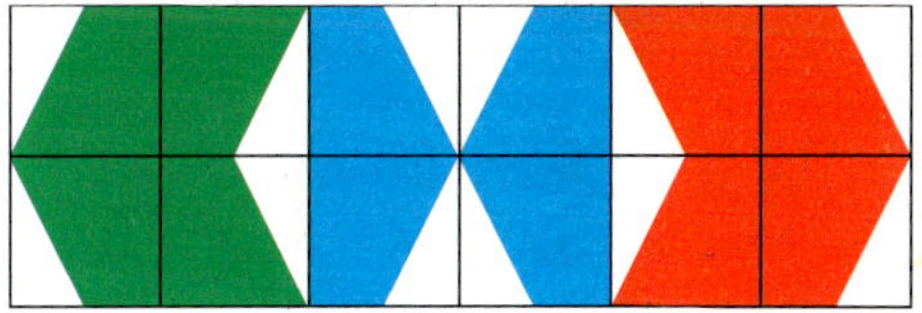

1
2
3
4
5
6
7
8
9
10
11
12

# Wie endet das Wort?



| | | | |
|---|---|---|---|
| 1  Pin_ _ _ | 2 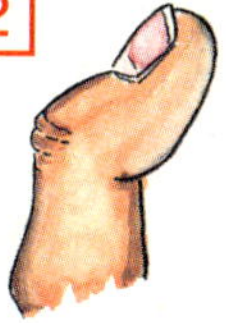 Dau_ _ _ | 3  Bo_ _ _ | 4  Zei_ _ _ |
| 5  Ku_ _ _ | 6  Gar_ _ _ | 7  Rei_ _ _ | 8  Ka_ _ _ |
| 9  Zir_ _ _ | 10  Ze_ _ _ | 11  Gon_ _ _ | 12  Vul_ _ _ |

 Pin_ _ _